L'ARCHÉOLOGIE A FAIT SON TEMPS.

CONSIDÉRATIONS

SUR

L'ARCHITECTURE

DE NOTRE ÉPOQUE

PAR J. DE LA MORANDIÈRE.

BLOIS

TYPOGRAPHIE ET STÉRÉOTYPIE F. JANNIN
14, RUE PIERRE-DE-BLOIS, 14.

1857.

CONSIDÉRATIONS

L'ARCHITECTURE

DE NOTRE ÉPOQUE.

CONSIDÉRATIONS

SUR

L'ARCHITECTURE

DE NOTRE ÉPOQUE,

Par J. DE LA MORANDIÈRE.

BLOIS,

TYPOGRAPHIE ET STÉRÉOTYPIE DE JANNIN,

RUE PIERRE-DE-BLOIS, 14.

1857.

L'ARCHÉOLOGIE A FAIT SON TEMPS.

CONSIDÉRATIONS

SUR

L'ARCHITECTURE

DE NOTRE ÉPOQUE.

I

Ce titre veut une explication de ma part, car je tiens à ce que ma pensée, bien comprise, enlève toute chance à de fausses interprétations.

En disant que l'archéologie a fait son temps, je n'ai voulu attaquer ni les individus ni les institutions ; mais j'ai vu autour de moi des tendances qui m'ont semblé dangereuses pour l'avenir de l'architecture et j'ai cru de mon devoir de les signaler.

Recherchant de bonne foi la source du mal, j'en ai vu les symptômes, étudié les progrès, et j'ai voulu, autant qu'il était en moi, indiquer ce que je crois en être le remède.

Il y a là, sans doute, une véritable témérité de ma part.

Cette tâche que j'entreprends, d'autres avec plus de savoir et une autorité non contestable, auraient pu l'accomplir. Mais le temps est-il venu où la voix des maîtres de l'art puisse être entendue?

Ne se perdrait-elle pas aujourd'hui, dans cette tourmente qui nous agite, dans ce tourbillon désordonné où nous ont entraînés de fausses doctrines et de dangereux systèmes.

Là est mon excuse.

Et, de même qu'il faut aux armées de ces enfants perdus qui sachent résolûment aventurer leur vie pour le salut de tous, j'ai cru que pour l'art il fallait aussi de ces dévouements modestes, et qu'au prix même de représailles injustes et passionnées, on devait savoir dire hautement ce qu'on croit être la vérité.

Ces protestations isolées ne sont jamais, d'ailleurs, complétement perdues; elles provoquent la discussion, et de la discussion sortent le plus souvent triomphantes les saines doctrines et les principes régénérateurs.

II

Le mal.

La mal qui mine depuis longtemps l'architecture en France, est de plus d'un genre; mais de tous, le plus dangereux et le plus tenace à la fois, c'est l'esprit de système.

Cette lèpre de l'art s'attache impitoyablement à toute idée neuve; et, de généreuse et féconde qu'elle était, elle la rend stérile, en lui communiquant ses principes délétères.

On sait ce que les idées systématiques ont fait de l'architecture, durant la première période de notre siècle. Tous ces monuments, pâles reflets de l'art grec et romain, disent assez à quelles étranges aberrations peuvent conduire des tendances rétrogrades.

Peut-être alors croirait-on, qu'instruite par l'exemple, la génération actuelle ait voulu s'affranchir de cette contagion, et, qu'avec des aspirations plus élevées, et une plus noble indépendance, elle ait gardé ses seules prédilections pour le beau et le vrai, sans distinction d'âge, de style et d'origine.

Malheureusement il n'en a pas été ainsi.

Le système est comme le Protée de la fable : il ne meurt pas, il se transforme.

A un système vieux et décrépit a succédé un système plus jeune et plus vivace, voilà tout : c'est là la triste réalité.

Pourtant une grande et féconde révolution venait de s'opérer dans l'art....

Avec l'institution du comité des monuments historiques, la lumière de l'éclectisme avait lui pour l'architecture comme pour l'histoire.

Ces monuments des temps passés, livrés naguère au dédain et à l'oubli, et que d'intelligentes restaurations arrachaient tout à coup à la destruction, pour les rendre à la vie et à la splendeur, étaient désormais la source vive où devait puiser l'inspiration.

C'est là, que l'expérience en recueillant de précieux enseignements, devait aider à la renaissance et au développement de notre art national.

Qui le croirait pourtant ? c'est à cette source même, qu'a pris naissance le mal que je veux signaler ; et c'est ainsi que ce qui devait être pour l'architecture un gage de salut, est devenu pour elle un aggravement sérieux au mal qui la domine.

Tant il est vrai, que l'esprit humain ne saurait, sans dévier, suivre la route nouvelle qui s'ouvre devant lui !

Tant il semble acquis que l'exagération soit la compagne aussi dangereuse qu'inséparable du bien.

De telle sorte, qu'il serait plus facile aujourd'hui de citer les exemples dans lesquels l'intelligence humaine a su se montrer docile aux inspirations de la vérité, qu'il ne serait donné de rappeler les erreurs dont elle n'a pas su se défendre.

Le système ancien s'était fait l'esclave de l'art prétendu grec ou romain; on vit le système nouveau s'inféoder avec passion non-seulement à ces deux arts, mais encore aux styles de l'architecture byzantine, romane, gothique, etc.

Aussi la raison qui repousse toute solidarité avec les tendances exclusives et les préventions irréfléchies, ne fut-elle ni avec l'un ni avec l'autre.

Mais que ne voyait-on, dans ce cri de détresse, qui venait de s'élever tout à coup en faveur de ces vieux édifices victimes du temps ou du vandalisme, autre chose qu'une inspiration heureuse dictée par le hasard?

N'était-ce pas une révélation d'en haut?

Dieu qui a voulu que la France, malgré de funestes erreurs, restât à jamais la reine de la civilisation et des arts, Dieu ne voulait-il pas que ses temples, sortis de leurs ruines, et ses sanctuaires, rendus à leur splendeur, devinssent un signal de régénération!

Les faits parlent haut dans leur éloquente simplicité; ils défient l'incrédulité.

Quoi! c'est du sein même d'une école qui faisait hautement profession d'envelopper de son dédain le plus superbe, ce qu'elle appelait les monuments des barbares!

C'est après que tant de siècles (même de ceux qu'on proclame siècles de lumière) avaient détruit ou mutilé sans pitié ces vieux édifices, pour eux sans attrait comme sans valeur; c'est pour ainsi dire dans l'ère de la persécution, que retentissait cette protestation énergique en faveur de tant de splendeurs déchues ! ·

Et l'on pourrait croire, que, par sa seule puissance et sans le secours d'une intervention divine, elle eût suffi à faire taire les antipathies, à arrêter la main des démolisseurs, à transformer l'insouciance publique en une sympathie instinctive, à se faire un puissant auxiliaire de ce budget de l'État, si peu accessible pourtant aux entraînements de l'admiration.

Non, cela ne peut pas être; cela n'est pas.

Il n'y a que les choses d'en haut qui dominent la persécution et qui s'élèvent au milieu des obstacles en apparence les plus insurmontables.

Disons-le donc, ce fut sous l'influence d'une intuition toute providentielle, que se révéla si subitement cet amour des choses d'autre fois.

Aussi est-ce de ce côté que les regards devaient se tourner et que, selon ma conviction, nous devions chercher les éléments de salut pour le présent et de splendeur pour l'avenir.

Ce que je dis ici, d'autres avant moi l'ont compris et l'ont démontré.

Des œuvres d'un incontestable mérite (œuvres malheureusement trop rares) attestent hautement que, pour les esprits supérieurs, cette révélation soudaine de l'art a été un trait de lumière.

Et c'est alors qu'on les a vus, dépouillant tout esprit de système et toute admiration exclusive, saluer avec ardeur ce règne de l'éclectisme et du progrès.

Pour eux, dès ce moment, le beau se trouva partout où la forme s'allie à la raison.

Ce qui les frappa dans l'architecture de nos pères :

Ce fut le vrai savoir, le bon sens pratique, l'intelligence réfléchie, l'esprit de suite dans les conceptions, la solidité dans le jugement, la netteté dans les aperçus, la richesse et la grâce dans l'exécution. Ils y reconnurent tout à la fois la fécondité et l'inspiration, l'imagination et la verve, ces véritables qualités de l'artiste, marchant de conserve avec la raison et obéissant à ses salutaires influences.

Ce à quoi ils ne purent refuser leur estime, c'est à ces ingénieuses et savantes combinaisons qui n'accusent ni la recherche ni la prétention ; c'est à ces grands et splendides effets obtenus à l'aide de moyens simples et comparativement économiques.

Un art qui, dans quelque condition qu'il eût à se produire, humble ou superbe, riche ou sobre, portait avec lui son caractère propre et se pliait admirablement aux exigences qu'il avait à satisfaire, leur parut digne d'études consciencieuses, car ils y retrouvaient les véritables caractères de l'art architectural.

Aussi se sont-ils efforcés de démontrer par l'application, comment, sans se faire les serviles imitateurs du passé, il était permis de lui faire d'intelligents et profitables emprunts.

C'était assurément l'exemple qu'il fallait suivre ; c'était dans cette voie que l'art devait marcher toujours.

Voie féconde en progrès sérieux, exemple fertile en heureux résultats. Mais cela était vrai, était bon, était juste, donc cela ne devait être ni compris ni mis en pratique.

On dit quelquefois : *Credo quia absurdum.* Si injurieux que soit ce dicton pour la raison humaine, il faut convenir pourtant qu'il est ici l'expression de la vérité.

En effet, au lieu de voir dans cette révélation de l'art, ce qu'une main surnaturelle y avait tracé, le rappel au respect de la tradition, à la foi profonde, à l'amour de l'ordre, à la passion du devoir ; au lieu d'y lire ces grandes et sublimes leçons du passé, la plupart, aveuglés sans doute par l'esprit de système et d'antagonisme, n'y voulurent trouver qu'une satisfaction à leurs goûts, à leur ambition, ou à leurs intérêts.

Pour ceux qu'une admiration plus ardente que sage, plus exclusive que raisonnée, attirait vers les recherches archéologiques, pour ceux-là il n'y eut d'architecture possible, dans le présent comme dans l'avenir, que celle qui, abdiquant toute indépendance, devait consentir à se plier servilement aux formes surannées du moyen âge.

C'était à coup sûr un étrange système, que celui qui, de la sorte, décrétait notre époque d'impuissance absolue ! Pourtant la bonne foi de quelques-uns de ses défenseurs, leur véritable savoir, en imprimant aux œuvres créées sous cette influence un caractère incontestable d'honorabilité, suscita l'un des obstacles les plus redoutables du progrès, le pastiche.

Ces œuvres recommandables à plus d'un titre, mais surtout séduisantes, sinon par leur originalité, du moins par l'attrait d'une apparence de nouveauté, furent pour les esprits superficiels et pour les intelligences paresseuses, une sorte de piége, auquel la plupart se laissèrent prendre.

Sans se rendre compte des recherches laborieuses et persévérantes que réclame la science archéologique pour être appliquée

je ne dis pas à la restauration des monuments (ceci est une toute
autre question), mais à la création d'œuvres nouvelles, — sans
se dire que, même pour la réalisation de ces œuvres qu'on
peut appeler contre nature, à cause du siècle où nous vivons, il
faut dépenser autant de génie que pour des créations vraiment
originales, on suivit l'exemple donné aveuglément et au hasard.

Heureux encore, dirait-on, si rien ne devait altérer cette
croyance, qu'au milieu de cette étrange aberration, la conscience
est restée pure des souillures de l'intérêt, car on croirait aujour-
d'hui, à voir bon nombre d'édifices élevés sous l'empire des nouvelles idées, que se fiant sans doute sur ce que l'ignorance est
plus commune que le savoir, beaucoup ont pris à tâche de fas-
ciner à l'aide d'un pastiche trompeur, et le mauvais goût des
enrichis, et les sottes prétentions des parvenus.

C'est ainsi que se forma la nouvelle école, et c'est en la cou-
vrant à leur insu d'une sorte d'inviolabilité, que des hommes de
savoir et de conscience en ont prolongé l'existence éphémère (triste
solidarité des bonnes et des mauvaises choses, qu'on retrouve partout, à ce qu'il paraît, en politique comme dans les arts); l'expérience ne parviendra-t-elle donc jamais à dessiller les yeux !....

On sait à quel antagonisme la dissidence des systèmes a donné
lieu entre les deux écoles et quelle lutte ardente s'en est suivie.

A peine si je me sens le courage de retracer cette déplorable
campagne qui dure depuis des années et qui menace de s'éterniser.

Mais il y a des choses dont il faut savoir s'égayer, si on ne veut
s'en attrister profondément, et le spectacle de cette sorte de croisade burlesque d'un système nouveau contre un vieux système,
ce spectacle, dis-je, est de ce nombre.

Qu'on me pardonne donc cette digression : pour être moins

sérieux, les faits n'en seront ni moins vrais ni moins instructifs.

Le jour où les idées nouvelles firent irruption dans le domaine de l'architecture, les fanatiques de l'archéologie se trouvèrent tout à coup en présence du vieux système.

Ce fut un moment solennel.

Chacun, mesurant de l'œil son adversaire, comprit qu'il s'agissait d'une guerre à outrance, et que, pour disputer et conquérir le terrain de l'influence et le poste des honneurs, il fallait déployer et la puissance de l'énergie et l'audace de la résolution.

Le coup était violent pour la vieille école, il la sortait brusquement de cette douce quiétude où la laissait reposer une prédominance jusqu'alors incontestée.

Elle se leva pourtant, et brandissant ses armes de l'air le plus martial, elle appela ses cohortes au combat.

D'ailleurs, sa position était forte, elle se retranchait en des droits acquis et presque consacrés par une longue possession.

De plus, elle possédait une milice nombreuse et disciplinée, que l'appât des honneurs et les riantes promesses de l'avenir, maintenait dans la ligne de l'obéissance et du devoir.

Elle attendit de pied ferme.

Sur sa bannière on put lire cette fière devise : *Hors l'antique, point de salut.*

L'école nouvelle avait, elle aussi, rassemblé ses champions, masse irrégulière et indisciplinée, que l'espoir seul du butin attachait pour la plupart à sa cause.

Chacun de ce côté avait endossé l'armure, mais plus ardents à combattre qu'habiles à manier des armes peu familières à leurs bras, ces modernes chevaliers trahissaient à chaque pas, par la gaucherie de leurs allures, la gêne que leur causait ce nouvel accoutrement.

Les imprudents! Ils découvraient à tout moment le joint de la cuirasse, et jouaient ainsi leur vie dans un combat maladroit!

A cette nouvelle croisade marchaient pêle-mêle, sans ordre, sans chef reconnu, et l'ère romane et l'école byzantine, puis le xie, le xiie et le xiiie siècle et leur descendance.

Sur leur bannière on lisait cette devise : *Hors l'archéologie, point de salut*....

La renaissance, elle aussi, s'avançait; mais, dans sa fière indépendance, elle faisait bande à part et ne se réglait en rien sur la marche de ses alliés de circonstance.

L'attaque commença.

La renaissance se porta de l'avant et paya de sa personne avec plus d'audace que de bonheur.

Que de rues, que de places portent encore aujourd'hui les traces de ses assauts furieux !....

Que de trépas héroïques inscrits de toutes parts sur la pierre de ses monuments !....

Après elle vint le gros de l'armée, l'assaut fut alors général.

La vieille école tint bon; mais enfin, malgré les efforts d'une résistance désespérée, la brèche ouverte laissa pénétrer l'ennemi dans le cœur de la place.

Toutefois, devant un adversaire atteint, mais non vaincu, il fallut composer. Paix trompeuse, qui laissa subsister, avec de profonds ressentiments, l'espoir d'une prompte et éclatante revanche.

Tel est le triste récit, mais le récit pourtant véridique de cette lutte insensée.

Que de temps perdu, que d'efforts stériles, que d'inspirations disséminées en pure perte, que de trésors mal employés et sans profit pour la gloire de l'art, et cela par le fait des tendances systématiques et sous les perfides suggestions de l'esprit d'antagonisme et d'exclusion !

Et, pendant ce temps, tandis que l'art véritable, proscrit, méconnu, se réfugiait auprès des rares amis restés fidèles à sa cause ; tandis qu'en dépit de leur zèle, c'était à peine s'il lui était permis de montrer au ciel sa noble face, resplendissante de beauté et de lumière ; une bande d'industriels de la pire espèce, telle qu'on en voit à la suite des armées, bande qui exploite et qui pille, profitant habilement de ces regrettables dissensions, se jetait avidement sur tout ce qui lui tombait sous la main, étalant avec audace son pastiche éhonté et son insultante banalité.

Voilà donc quelle a été l'histoire de l'archéologie dans ces temps ! — Dirai-je quel a été son bilan (1)?

Quelques œuvres sérieuses, recommandables par de véritables beautés et un incontestable mérite, témoignant d'une vraie passion du beau et de l'honnête et laissant cette pensée consolante, que le génie de l'architecture vit encore dans le présent et peut vivre dans l'avenir.

Puis des œuvres qui décèlent, d'une façon trop prétentieuse peut-être, des prédilections exagérées pour l'antique et une affectation de purisme poussée quelquefois à l'excès.

Ici rien ou presque rien de juvénil, de plaisant pour l'œil et de réjouissant pour le goût.

Cette architecture antique qui, mal comprise, s'allie si mala-

______

(1) Je laisse, bien entendu, en dehors de cette lutte insensée, les travaux utiles auxquels s'est livré le comité des monuments historiques et les admirables restaurations qui se sont faites sous ses auspices.

droitement aux exigences de notre civilisation, prend une physionomie triste et maussade, une attitude roide et guindée qui contrastent singulièrement avec l'activité fébrile des populations ! On dirait qu'en son désespoir, l'art antique a fait des tombeaux son lugubre monopole, car sa tristesse et sa mélancolie semblent déteindre sur tous ses monuments.

D'autres œuvres viennent ensuite, qui, comme les précédentes, trahissent l'esprit systématique qui les a fait naître.

Les âges écoulés, les mœurs changées, les besoins nouveaux, tout cela n'est compté pour rien et se trouve sacrifié à l'amour des formes surannées de l'art gothique.

Ce qui leur manque, c'est la tradition, cette initiation aux formes et aux conditions vitales d'une architecture qui, née avec une époque, s'est transformée avec elle et a cessé d'être, le jour où les idées qui l'alimentaient ont cessé d'avoir cours. Aussi, que de barbarismes de pierre, devant lesquels s'épanouirait la raillerie de nos aïeux ; et combien ils riraient de bon cœur, s'ils revenaient un instant, de cette prétendue originalité qui n'est autre chose qu'une bizarrerie prétentieuse, de cette naïveté qui frise la niaiserie, de cette richesse de mauvais aloi qui cache si mal la misère de l'œuvre.

Il faut le dire pourtant, du milieu de ces déplorables aberrations, on voit parfois surgir des travaux dans lesquels le talent suffit à faire pardonner l'erreur.

C'est alors qu'on se prend à regretter de voir dépenser au service d'une mauvaise cause, les inspirations d'un véritable génie et les élans d'une conscience généreuse, et que, sous le charme des séductions d'un vrai savoir, on se sent impuissant à refuser une absolution que la raison condamne.

C'est là tout ce qu'on peut dire de l'architecture de notre époque, c'est le triste héritage que nous a légué l'esprit systématique qui jusqu'à ce jour a régné sur l'art; mais on ne saurait sans injustice lui faire porter tout le fardeau dé cette lourde responsabilité.

. D'autres causes ont influé sur les destinées de l'architecture, et celles-là, parce qu'elles se rattachent à notre condition sociale, ne sont ni moins sérieuses, ni moins difficiles à détruire.

Une vérité sur laquelle tout le monde est d'accord, c'est que, de tout temps, l'architecture a été le reflet de la civilisation.

C'est donc à notre insu, en dehors de tout calcul, de toute combinaison, que cet art se produit et dévoile son caractère (1). Aussi, à ceux qui réclament à grands cris une architecture nationale, à ceux là faudrait-il répondre : cette architecture vous l'avez, dans sa mauvaise acception peut-être, mais dans sa vérité, certainement, incontestablement.

Regardez, et dites si elle n'est pas le reflet le plus tristement véridique de notre époque, et si, aux yeux d'un observateur philosophe, elle ne suffirait pas à peindre avec fidélité, et nos tendances et les idées sous l'empire desquelles nous vivons.

En d'autres temps, l'architecture a eu pour elle un type particulier et un caractère propre. Mais faut-il s'en étonner, puisque tout ce qui manque à notre siècle, l'unité des idées, l'amour de la famille, la croyance politique et religieuse, la stabilité, l'ordre, presque tout cela était le partage des siècles passés.

Je ne veux pas me laisser aller au dénigrement de mon époque,

______

(1) Les besoins nouveaux donnent naissance à des édifices d'un style neuf, voyez les halles, les gares, etc.

2

mais qui ne conviendra avec moi que les principes élémentaires de toute société, la religion, la famille, la foi politique, ne se soient considérablement affaiblis en France et qu'ils n'aient fait place à d'autres préoccupations moins généreuses et moins conservatrices. Si donc la puissance expansive de la raison est telle, qu'en dépit de tout elle puisse se faire jour et déjouer les calculs auxquels a recours la rouerie des peuples, pour farder les vices et les travers dont ils auraient à rougir, comment ne pas comprendre, que ce que nous produisons maintenant en architecture, est la critique la plus amère, la plus flagrante de l'état de notre civilisation. Et sans vouloir retracer ici le tableau des diverses phases de notre histoire, peut-on ne pas reconnaître que, là où ont dominé les idées d'ordre, le respect de l'autorité, la foi, les mœurs douces et paisibles, là aussi on retrouve dans les monuments ce calme honnête, cette grandeur instinctive, cette majesté presque divine, témoins irrécusables de ces tendances conservatrices.

Et lorsque, au contraire, à ces idées bienfaisantes, à ces mœurs patriarchales ont succédé le scepticisme et les idées subversives d'une fausse philosophie, le mépris de l'autorité, les passions révolutionnaires, l'agitation stérile et l'ambition désordonnée, qui ne reconnaîtra que, s'écartant, ainsi que l'esprit public, de toutes les traditions jusqu'alors respectées, l'architecture se soit jetée dans les sentiers périlleux où la précédait une civilisation égarée.

Je le repète, je ne voudrais pas me faire le détracteur de mon époque; mais je ne puis en conscience me refuser à l'évidence, et lorsque je recherche de bonne foi le mal dont est atteinte l'architecture, me serait-il permis de douter que ce mal ne tienne précisément au milieu dans lequel l'ont forcé de vivre les révolutions successives que nous avons traversées.

Que sommes-nous en réalité, et qu'ont fait de nous ces transformations par lesquelles nous avons passé depuis près d'un siècle ?

Nous sommes un peuple déclassé, possédé de la fièvre du déplacement et de la soif insatiable des jouissances, et trahissant par notre précipitation, nos inquiétudes de l'avenir. De là l'inconstance de nos goûts, ce besoin de changement, cette versatilité dans les opinions ; de là encore, cet amour de la nouveauté, cette ardeur de l'ambition, cette agitation nerveuse qui nous dominent et qui nous jettent incessamment dans des voies nouvelles, sans nous laisser un seul moment, le repos de l'esprit et le calme de la conscience ; sans nous permettre de puiser dans la maturité du jugement, la force de résister aux perfides suggestions des passions qui nous dominent.

Tout se tient et s'enchaîne dans la vie des peuples, et il est rare que l'influence des grands événements et des grandes découvertes, ne se fasse pas ressentir jusqu'aux extrémités ; c'est pourquoi l'architecture, elle aussi, a reçu le contre-coup violent des commotions que la société a eu à supporter.

Nous avons essayé des révolutions, et au lieu de laisser à la sage lenteur du temps le soin de pourvoir à des réformes utiles et d'en assurer l'existence dans l'avenir, nous avons joué avec cette arme empoisonnée, et nous serions surpris, que blessés par elle, notre convalescence soit longue et douloureuse !

Nous avons reçu de Guttemberg, la presse, ce flambeau destiné à éclairer le monde ; nous l'avons livré sans prudence aux mains de la passion, et nous nous étonnerions qu'il ait embrasé l'univers !...

Nous avons lancé à travers les nations, sans en calculer la puissance, cette vapeur que nous a révélée notre grand compatriote

Papin, et nous demeurerions surpris, que, emporté par elle et dans son tourbillon, le monde en soit bouleversé !

Et l'électricité elle-même, cette puissance née d'hier, et qui déjà étreint le globe de ses bras immenses; l'électricité, qui semble vouloir dans son audace, dérober à Dieu le secret impénétrable de sa toute-puissance, nous l'avons asservie à notre cupidité, à notre ambition, et nous ne comprendrions pas que le jour n'est peut-être pas éloigné où cette force occulte, insaisissable, révolutionnera l'univers entier?

Mais ces révolutions, c'était le moins qu'on les payât au prix de toutes les notions d'ordre, compromises pour longtemps peut-être.

Ces conquêtes qu'on proclame immortelles, il fallait bien les acheter par le sacrifice du calme d'esprit dont les œuvres de nos aïeux portent le caractère.

Ces grandes illusions détruites, ces symboles brisés et foulés aux pieds, il fallait aussi les remplacer à l'aide de désolantes réalités et des immenses difficultés que le pouvoir a désormais à surmonter, pour se reconstituer sur des bases solides.

Cette presse elle-même, qui nous était donnée comme un nouveau messie, pour nous tirer de la prétendue barbarie où nous étions plongés; cette presse, fallait-il s'attendre à moins, pour saluer son avénement, qu'à lui livrer en holocauste, nos institutions et nos fortunes, notre réputation et nos croyances, notre foi et notre conscience, tout en un mot; tout ce que nous avons de plus cher et de plus précieux?

Enfin, cette vapeur, cette électricité, ces deux miracles du génie moderne, pouvions-nous espérer leur voir faire dans le monde leur entrée triomphale, sans ce cortége des nationalités détruites, des mœurs locales perdues ou dénaturées, sans l'abandon de l'esprit de famille, cette sauvegarde de la civilisation?....

Ne devions-nous pas nous attendre à voir à leurs côtés, cette instabilité contagieuse, cet amour de la spéculation, puis, l'erreur, la ruine, les révolutions, la guerre elle-même, tout cela ne devait-il pas être ?

Est-ce donc ainsi que doit se solder le prix des conquêtes anticipées de l'homme ? Est-ce par de grands maux et de profondes douleurs, que Dieu l'avertit, qu'en hâtant les événements, il empiète sur sa destinée, et insulte pour ainsi dire à la sagesse éternelle qui a réglé la marche lente, mais sûre, des progrès humains ?

L'art, il faut le reconnaître, a ressenti profondément l'influence de ces grands phénomènes sociaux.

Cela est si vrai, que pour en retracer l'histoire, il suffit de puiser à celle des transformations sociales et politiques.

On n'attend pas de moi, que je veuille en établir ici le parallèle complet. Toute vérité n'est pas bonne à dire, et je ne gagnerais autre chose sans doute, dans l'accomplissement de ce pénible devoir, que de passer pour un de ces esprits malades et quinteux, qui voient tout à travers le prisme d'une profonde misanthropie. Avec un peu de conscience, on contemplera en face cette vérité, et on se convaincra, qu'à moins de vouloir ressembler à cet oiseau qui se croit sauvé, alors que la tête cachée sous l'aile, il ne voit plus l'ennemi qui le menace ; qu'à moins de cela, il faut s'attaquer résolûment au mal pour l'atteindre et le détruire, si nous ne voulons voir l'architecture aux prises avec ses atteintes, et succombant enfin sous ses efforts persévérants.

Disons le donc : réduite au rôle par trop servile qu'elle a pris dans ces derniers temps, l'architecture n'a pu être autre chose que ce qu'elle a été, que ce qu'elle est; c'est-à-dire l'expression fidèle de nos idées, à ce point de revêtir jusqu'à nos travers et d'assumer jusqu'à nos ridicules.

Certes, si toute vérité n'est pas bonne à dire, tout exemple n'est pas bon à imiter; et mieux eût valu, que dérogeant à ses sympathiques attractions vers l'humanité, l'architecture ne se fût pas résignée pour lui complaire, à tailler, comme on dit, pour nos petits grands seigneurs, des pourpoints dans le manteau des rois, et à clouer des oripeaux sur les murs des palais de nos princes de la finance.

Je le veux bien reconnaître, c'est une étude de mœurs curieuse que de voir à quel point cette opulence, ridiculeusement fastueuse, trahit la convoitise de cette considération que ne peut procurer la seule fortune et après laquelle on soupire pourtant, malgré le dédain qu'on en témoigne.

Je conçois même ce qu'il y a de piquant, dans ce rapprochement des anathèmes ronflants que le libéralisme lançait, dans le bon temps, contre cette féodalité et ses sombres donjons, et de cette passion avec laquelle ces détracteurs d'alors, enrichis d'aujourd'hui, se font à leur manière une petite féodalité et s'élèvent à leur tour de petits donjons.

Mais, est-ce bien là la noble tâche qui a été dévolue à l'art? J'en doute; ce n'est pas à coup sûr pour se mettre au service des mauvaises tendances, mais bien pour imprimer aux esprits de nobles penchants qu'il a été créé et donné au monde.

On le voit, si les idées systématiques ont porté à l'art un coup funeste, les influences sociales ne sont pas restées étrangères, et loin de là, au mal qui le domine. Mais il est encore d'autres causes que je veux signaler, c'est l'oubli et le dédain des conseils du maître ; c'est l'amoindrissement de l'école et l'abaissement de ses études.

Pour être moins saillants, ces faits n'ont pas moins de gravité, et ils réclament l'attention la plus sérieuse de tous les hommes amis de l'art. On m'excusera toutefois, si j'apporte dans cette question une réserve qui n'est point exclusive du devoir que je me suis imposé.

Il est de ces révélations qui deviennent presque un abus de confiance lorsque, comme à moi, il a été donné de prendre sur le fait cette vie intérieure de l'atelier ; pourtant je me tairais en vain.

Les ailes de cire de tant de modernes Icares qui fondent au moindre rayon de vérité, disent assez à quel dédain on a voué les utiles conseils de l'expérience, et combien le savoir fait défaut. Il n'est que trop vrai, l'école, dans sa véritable acception, dans son expression la plus élevée, l'école n'existe plus aujourd'hui, parce que tous les principes qui en constituent l'existence et en font la force, l'ordre, le travail, le respect, la discipline, tout cela n'existe plus qu'imparfaitement.

Il faut s'en attrister plutôt qu'en demeurer surpris. Il faut plaindre, bien plus que blâmer.

Lorsqu'on voit la presse, dans sa licence effrénée, ériger chaque jour depuis tant d'années, l'indépendance en suprême vertu ; lorsque la seule passion du moment est la passion de l'argent, quoi de surprenant que de jeunes intelligences, abandonnées la plupart du temps à leur propre impulsion, se laissent séduire par ces perfides insinuations ?

Il importe donc de s'étudier à prémunir la jeunesse contre ce mal, et c'est un devoir que de rechercher les moyens les plus propres à y parvenir.

Il est une autre considération que je ne puis omettre, parce que, selon moi, elle a exercé sur l'architecture une influence fâcheuse en lui enlevant son caractère et son originalité. Je veux parler de l'action qu'a eu dans le passé le conseil des bâtiments civils.

Le contrôle est à coup sûr une chose utile, indispensable même, dirai-je, et nul esprit sérieux ne saurait le repousser; mais le contrôle, lui aussi, a des limites qu'il doit savoir respecter.

Le conseil des bâtiments civils, en tant que contrôle, exerçant à ce titre sa haute juridiction sur les grandes questions d'art, a été une institution éminemment salutaire, mais peut-être, en voulant s'immiscer le plus souvent dans l'appréciation des styles et dans les questions de détail des projets qui lui étaient soumis, a-t-il trop amoindri sa tâche, et concouru d'une façon malheureuse à enlever à l'art sa physionomie locale, sa saveur propre et sa force vitale; peut-être même a-t-il fait plus, et a-t-il trop souvent, sans y songer, consacré la plus grave injustice, non-seulement en imposant, lui, corps irresponsable, des avis trop précis et des appréciations revêtues d'une autorité trop élevée pour être contestée, à des architectes responsables, mais encore en produisant sous le couvert d'autrui et aux risques et périls d'une réputation qui n'était pas la sienne, des conceptions quelquefois trop rapidement et trop vaguement élaborées, loin du lieu où elles devaient recevoir leur exécution, et offrant dès lors entre autres vices, celui si grave d'être en désaccord avec les mœurs, les goûts et les conditions atmosphériques d'un pays.

En un mot, le conseil des bâtiments civils, avec les intentions les plus droites et les vues les plus loyales, a commencé pour le nivellement de l'art, si je puis m'exprimer ainsi, et pour la destruction de tout caractère provincial, ce que les chemins de fer, en portant en tous lieux la confusion des idées et le mélange des populations, achèvent en ce moment avec une si désolante rapidité. Ajoutons toutefois pour être vrais et pour rester dans l'équité, qu'en agissant ainsi, le conseil a obéi à la force des circonstances, et que cette ingérence quelquefois si regrettable, a été provoquée le plus souvent par l'incroyable infériorité des projets soumis à son examen. Si ces circonstances expliquent et motivent l'intervention trop prononcée du conseil, elles ne sauraient détruire les conséquences que j'ai cru devoir signaler.

J'ai parlé de nivellement à propos d'art; et c'est à dessein que je me suis servi de cette expression qui rend ma pensée. Il y a dans les esprits, comme dans le sol, des inégalités saillantes, et c'est de ce contraste que ressortent les choses supérieures : qui dit nivellement, dit abaissement de ce qui domine au profit de ce qui est inférieur; c'est le moyen employé pour tout réduire à une planimétrie moyenne. Le nivellement des intelligences est le règne de la médiocrité.

En ramenant tout à un même niveau, par sa haute influence, le conseil des bâtiments civils a bien pu combler les infériorités, mais aussi il a abaissé, sans le vouloir, et contre toutes prévisions, les intelligences élevées que la passion et l'ardeur emportent trop souvent au delà des horizons modérés; et, de la sorte, il a préparé partout les voies de la médiocrité.

Heureusement, il faut le dire, avec la nouvelle organisation du conseil, et grâce aux tendances plus larges et plus élevées qui se font sentir chaque jour, le mal a cessé d'avoir cours; mais le passé reste, et quel triste héritage ne lègue-t-il pas au présent?

Partout on retrouve aux monuments élevés sous cette influence, même physionomie banale, même pâleur maladive, même absence de vitalité.

On dirait de ces plantes dépaysées, qui n'ont pu s'acclimater et refusent de prendre racine dans un sol et sous un ciel qui ne sont point faits pour elles.

Telle a été, je crois, dans le passé, l'action du conseil des bâtiments civils; j'ai cru ne pouvoir la taire, malgré le profond respect que je porte au talent et à la supériorité des hommes qui en ont fait partie.

Le conseil a eu le sort de toutes les institutions à leur début; privé de l'expérience que le temps apporte avec lui, il n'a pas su échapper à cet amour de l'influence et à ce besoin de l'autorité qui domine tous les corps nouvellement constitués.

En résumé, voici quelles ont été (selon moi) les causes du mal dont l'architecture est atteinte :

Action des tendances systématiques;

Influence de nos mœurs et de notre état social;

Dédain et oubli des conseils du maître;

Amoindrissement de l'école;

Ingérence peut-être trop prononcée du conseil des bâtiments civils, dans la forme architecturale des projets a lui soumis.

Il me reste à indiquer ce que je crois être le remède possible à ce mal.

III

Le remède au mal.

Je ne sais si je me trompe, mais il me semble qu'il y a une sorte de lâcheté morale à taire à son époque les symptômes morbides qu'on aperçoit en elle.

C'est un rôle facile et agréable à la fois, j'en conviens, que de s'extasier sur les progrès incontestables de son siècle et de s'épanouir devant les splendeurs de son pays.

Il y a, au contraire, quelque chose de pénible à venir troubler par de tristes révélations, cet optimisme général dans lequel on aime à s'étourdir.

Mais lequel des deux rôles est le plus honnête et le plus utile?

Est-ce donc aimer sincèrement son époque, que de craindre pour lui éviter les soucis d'un retour sur elle-même et les angoisses d'un mal qui la ronge, de la rappeler à la réalité et de rester devant elle spectateur insouciant des malheurs inévitables qui planent sur elle? je ne le pense pas; et dans la vie commune, on comprendrait mal, que la sollicitude de l'amour d'une mère pût s'allier à cette pensée égoïste, de fermer les yeux sur la maladie de son enfant, plutôt que de s'avouer la gravité des symptômes dont il est atteint et d'invoquer pour lui les secours de l'art.

Je n'ai pas à coup sûr la prétention de troubler, par ces bien modestes aperçus, la quiétude dans laquelle les esprits sont plongés; et tout mon regret est que ma voix soit impuissante à se faire comprendre.

Pourtant en attaquant les abus, en ridiculisant les tendances, en traitant avec quelque irrévérence de langage les puissances du jour, la presse, la vapeur, l'électricité, je crois faire une chose bonne et utile.

Ce que j'ai dit, beaucoup le pensent, mais n'osent pas se l'avouer et le dire hautement, parce qu'eux-mêmes, acteurs dans cette comédie humaine, ils craignent d'avoir à se faire l'application rigoureuse des vices, des travers ou des ridicules qu'ils découvrent dans les autres.

Pourquoi en est-il ainsi?

Pourquoi cette crainte que condamne la droiture de l'esprit ?

Mais où donc en seraient la morale, la religion et tous les grands principes sociaux, s'ils ne devaient être enseignés au monde que par des voix d'une incontestable autorité ?

Il est loin de mon esprit, en écrivant ces lignes, de vouloir faire le procès au siècle, plus loin encore de me poser en augure de malheur, et en prophète de catastrophes, mais en bonne diagnostique, il faut d'abord préciser le caractère du mal et sa nature ; il faut savoir en étudier les progrès, pour pouvoir ensuite en indiquer le remède avec quelque certitude.

C'est ce que j'ai tenté de faire !... Le remède à l'esprit systématique, c'est, je le crois, l'éclectisme.

Le système est la réaction aveugle et irrationnelle de toute idée comprimée.

C'est pour avoir, à une autre époque, proscrit tout ce qui, de près ou de loin, se rattachait à l'architecture romane, byzantine ou ogivale, que la vieille école grecque et romaine a hâté l'éclosion et le développement de l'esprit systématique.

Elle est cause que ce système ne le cède en rien pour l'intolérance et qu'il proscrit avec un égal acharnement, tout ce qui n'est pas une émanation du style, objet de ses prédilections.

L'éclectisme, en proclamant ce qu'il peut y avoir de bon et de salutaire dans les études de l'architecture antique, ce qui peut sortir de fécond des révélations nouvelles de l'architecture des siècles passés, supprime l'antagonisme et la rivalité. Il fait disparaître ces appréciations le plus souvent entachées de passion, et place l'art, de la sorte, dans son véritable milieu.

Dans cette heureuse condition d'indépendance et d'absence de parti pris, l'art ressemble à l'abeille, et de même que celle-ci, dans son vol capricieux, s'en va, recueillant sur chaque fleur son précieux butin, l'art s'élance lui aussi dans l'espace, puisant dans chaque trésor des âges les sublimes inspirations qui font sa vie, sa force et sa splendeur.

Mais, est-ce chose facile de ramener ainsi les esprits au culte de l'éclectisme? Je n'oserais l'affirmer.

L'exagération est trop inhérente à notre nature, pour espérer l'en faire disparaître complétement.

Pourtant ne faudrait-il pas perdre courage, si, de la part de ceux qui ont en main l'autorité, une puissante initiative venait aider à l'accomplissement de cette tâche si honorable et si digne d'éveiller de hautes sympathies.

Croit-on, par exemple, qu'en faisant disparaître de l'instruction de l'école (si toutefois cela existe) toute manifestation systématique, et en donnant aux élèves l'exemple des idées larges et généreuses, étrangères à tout ce qui peut porter le caractère de rancunes mesquines, ou de prédilections entachées de partialité ; croit-on qu'ils ne s'empresseraient pas de suivre cette route tout à la fois si droite et si facile.

Le beau n'est pas dans le domaine exclusif de tel ou tel style d'architecture : il est dans tout, il peut se révéler partout, par cela même qu'il n'est pas absolu.

Quoi de plus rationnel dès lors, quoi de plus juste en même temps d'inviter de jeunes intelligences à courir à travers ce beau champ de l'art, émaillé de tant et de si douces fleurs, pour y cueillir à pleines mains les plus suaves de formes, les plus riches de détails, les plus harmonieuses d'ensemble.

Comme le génie devrait se sentir à l'aise dans cet élan plein de liberté, et combien, dans cette admiration si tendre, si expansive, que réveillerait en lui la vue de ces chefs-d'œuvre variés de l'intelligence humaine, il devrait trouver de verve pour l'inspiration et de puissance pour s'épandre au dehors.

Il y a donc de ce côté, une action puissante à exercer, pour prévenir les tendances systématiques, et je crois savoir que déjà, de louables efforts ont été tentés pour arriver à ce but si désirable.

Mais d'autres auxiliaires peuvent offrir à l'art un énergique appui; et, sans parler du conseil des bâtiments civils et des divers comités consultatifs, dont les tendances libérales sur ce point, sont déjà pour l'architecture d'un si utile secours; sans rappeler que du haut de la chaire, un docte professeur a développé sur ce sujet les théories les plus élevées, n'est-on pas en droit de compter sur la haute et puissante intervention du premier corps savant de France, de l'Institut.

Je parle à dessein de cette intervention. On n'ignore pas, en effet, que ce palladium vénéré des saines doctrines, ce sanctuaire du savoir, objet des ardentes convoitises du système moderne, n'a pas été à l'abri de ses audacieuses tentatives.

Qui ne sait que récemment on a tenté de faire consacrer par lui, la plus monstrueuse des hérésies en fait d'art, l'institution, en plein XIXe siècle, d'un prix destiné à récompenser la conception et l'exécution d'un édifice en style pur du XIIIe siècle?

Certes il y avait de quoi surprendre les intelligences les plus robustes, et la proposition pouvait à bon droit, grâce à l'audace de son allure, aspirer à un sort meilleur, qu'au refus péremptoire qui l'a accueillie.

Il faut en rendre grâce à cette noble fermeté et à cette résistance virile qui lui ont été opposées, car c'est à elle que l'art et le bon sens ont dû leur salut commun.

Pouvait-il être rien de plus étrange, en effet, et de plus inouï tout à la fois, qu'un corps illustre décrétant hautement son époque d'impuissance, et déclarant à tous que les portes de l'avenir sont fermées, et que le génie n'a plus qu'à rétrograder.

Telles étaient pourtant les premières conséquences de l'admission de cette étonnante proposition.... Qui ne devine toutes celles qui en devraient inévitablement découler ?

Toutefois, ce serait se méprendre étrangement que de considérer ce fait comme un acte isolé et une tentative sans importance.

Il y avait là tout une tactique, on espérait par cette combinaison couronner, pour ainsi dire, une série d'attaques entreprises de longue date. Il ne s'agissait de rien moins que de *compromettre* l'Institut et de s'en faire désormais un complice obligé.

Si les congrès scientifiques ont, de nos jours, marqué le premier pas de l'esprit systématique dans la carrière, les progrès qu'il a faits depuis ont été signalés par des faits significatifs.

Lorsqu'en 1855, l'Angleterre, vaincue dans le grand concours d'architecture de l'exposition universelle, eut, pour couvrir sa défaite, ouvert l'avis de faire partager avec l'architecte du palais du parlement, la grande distinction accordée d'abord à un architecte français, il ne fut pas difficile de prévoir le parti qu'en France l'esprit systématique allait tirer de ce triomphe, pourtant si contestable, de l'esprit systématique anglais.

Qu'était, en effet, l'œuvre de l'architecte anglais, si ce n'est un pastiche de l'architecture des Tudor, élevé sur la plus vaste échelle connue.

Œuvre imposée, en quelque sorte, je le veux, à l'artiste par la volonté d'un peuple amoureux des vieilles traditions ;

œuvre méritante, je le veux encore, par les savantes combinaisons du plan, et les splendeurs de l'exécution, œuvre qui ne saurait pourtant absoudre son auteur, de l'accusation méritée, de servilisme et de complaisance, envers une idée fausse et de tous points contraire aux règles du droit sens.

Dire que l'architecte anglais a subi une pression irrésistible, celle du premier corps politique de son pays, c'est expliquer l'existence d'une grande *faute de pierre*, peut-être inexplicable sans cela, mais c'est dire aussi, comment, par un compromis avec sa conscience, il a sacrifié la dignité d'une fière indépendance, aux brillants avantages attachés à la position de constructeur.

Si donc le rigorisme ne va pas jusqu'à faire à l'architecte, un crime de cette *compromission*, du moins est-il permis de dire que c'était plus qu'une faiblesse de couronner aux yeux de tous de semblables erreurs, que c'était une faute sérieuse, à cause des conséquences qu'elle entraînait pour l'avenir.

Qu'en est-il résulté, c'est qu'attentif à ces actes de condescendance, et sans cesse à la piste de ces empiétements sur le bon sens, le système en a fait son profit.

Le concours de Lille s'offrait à lui ; il s'en est emparé, se l'est approprié et l'a manipulé pour ainsi dire, au point de vue de ses instincts et de son intérêt.

Mais la passion est mauvaise conseillère, en voulant aller trop vite, le système a dépassé le but.

Ce concours d'archéologie et non pas d'architecture, en faisant connaître pompeusement au monde cette pensée étrange, d'élever de nos jours, une église en style *prétendu* du XIIIe siècle, a dessillé les yeux de tous les hommes amis de la vérité, et leur a montré clairement dans quelle hérésie on voulait les entraîner.

La tentative a donc échoué par le zèle trop ardent de ceux qui l'avaient combinée ; mais qui ne voit en cela les progrès incessants de cette déplorable tendance et l'audacieuse persévérance de l'esprit systématique ? Qui ne comprend, dès lors, la nécessité d'en arrêter le cours ?

Que le gouvernement, en refusant énergiquement son concours à de pareilles tentatives, que les corps savants ; et les commissions de contrôle, en en signalant l'abus ; que les hauts dignitaires ecclésiastiques en interposant leur haute influence, soient donc les premiers à opposer une digue puissante à ce flot des mauvaises tendances de l'esprit de système ; qu'ils veuillent prendre en main cette œuvre si désirable de la régénération de l'architecture, et le bon sens public fera le reste.

Ce n'est pas gêner l'art dans sa libre expansion, que de lui montrer qu'il fait fausse route, et on peut, sans être exclusif, en diriger les conceptions dans une voie plus sûre, plus neuve, plus honorable enfin, celle où l'inspiration marche au milieu des chefs-d'œuvre de l'esprit humain s'illuminant sans servilisme, comme sans passion, de l'éclat de leurs indicibles beautés.

Le système a depuis longtemps commencé ses preuves et certes, quand il a voulu se produire, ni la liberté, ni les ressources ne lui ont fait défaut. Il a été, comme tout ce qui est nouveau, accueilli par le public avec une faveur marquée, et une partialité plus ardente que raisonnée.

Qu'a-t-il produit ? qu'a-t-il fait voir au jour, pour justifier cet engouement ?

A chacun de répondre suivant son goût, suivant ses impressions. Pour moi, j'ajouterai : que peut-il produire ? Et à cette question adressée aux hommes de bonne foi, je suis certain qu'on fera la réponse suivante : Dites-nous l'époque et le style du monument à élever, et nous vous dirons de quels édifices il sera le Sosie, et nous vous révèlerons de quels éléments divers se composera ce mélange architectural.

Singulière révélation, il faut en convenir ; pourtant, si telle n'est pas la vérité, que devient le système ? Le système a cessé d'être.

J'ai dit autre part que l'architecture étant le reflet de la civilisation, il fallait, par une conséquence logique, que la régénération de la société précédât la sienne, ou tout au moins qu'elle marchât de pair avec elle.

C'est, sans contredit, la plus grave et la plus embarrassante des solutions, que d'avoir à opérer une pareille cure, lorsque les questions qu'elle soulève se rattachent d'une manière si intime à notre état social. Il faudrait tenter, ce que je ne veux faire, une incursion dans le domaine de la politique, et signaler à quelles circonstances probables est dû le malaise qu'éprouve la société dans le temps présent.

Il faut donc me borner à des considérations générales.

D'ailleurs, qui de nous, s'il veut avec conscience étudier son époque et suivre, soit dans les écrits périodiques, soit dans la littérature, les controverses que suscite notre état social, ne sera promptement éclairé sur sa véritable condition ?

Cherchons donc vers quel ordre d'idées, et vers quelles réformes utiles, nous devons tendre de préférence, pour assurer cette régénération tant désirée.... ·

Le mode d'action est évidemment complexe, et des éléments divers, en convergeant vers ce but, peuvent et doivent concourir à nous en rapprocher plus rapidement.

Ainsi, bien que par ce fait même, que l'architecture est le reflet de la civilisation, on soit naturellement porté à croire que le point de départ de sa régénération est le même que celui de la régénération sociale ; il n'y a rien de contraire au droit sens, de préparer un résultat qui peut malheureusement tarder longtemps encore à se produire, en épurant à l'avance l'un des éléments qui le constituent.

J'explique ma pensée, en ajoutant, que si, d'un côté, les sublimes conseils de la religion, l'action salutaire du pouvoir, les principes d'une instruction féconde, peuvent concourir énergiquement à l'accomplissement de ce grand et sublime problème, il est juste, il est utile, que de son côté, l'architecture en s'épurant au contact d'une instruction aussi profonde qu'élevée, se montre digne d'apporter sa pierre, elle aussi, à la restauration de l'édifice social.

Les grands principes régénérateurs d'une société sont, si je ne me trompe, la croyance religieuse, l'amour de la famille, le respect de l'autorité et des institutions, l'obéissance à la loi, la justice, l'ordre, la hiérarchie, le travail et l'éducation morale.

Tout ce qui, de près ou de loin, concourt au développement de ces idées et de ces principes, devient une œuvre méritoire et s'élève à la hauteur d'un service rendu à la société.

Il ne peut donc être indifférent de rechercher ici le remède à un mal que j'ai signalé, le mépris des conseils du maître ; si l'avenir de l'architecture est plus intéressé qu'on ne saurait le croire à la solution de cette question, il ne faut pas oublier que ce symptôme exerce aussi son action pernicieuse sur la société même :

Le mépris de l'autorité est contagieux.

On dit chaque jour, à propos des grandes questions sociales, que toute régénération doit se reprendre en sous-œuvre et commencer par la jeunesse. Ce principe, dont l'évidence n'a pas besoin d'être démontrée, s'applique incontestablement à l'éducation architecturale.

On ne corrige pas des tendances enracinées par l'habitude et qui, à tort ou à raison, ont semblé, dans un moment donné, avoir leur raison d'être.

C'est donc à ces natures jeunes et impressionnables, à ces intelligences qu'une main habile peut à son gré, pour ainsi dire, pétrir et modeler, qu'il faut s'adresser de préférence. C'est dans l'atelier et dans l'école qu'il faut jeter ces premiers germes des fruits qu'on veut un jour recueillir.

L'atelier et l'école sont la base de toute éducation architecturale, parce que ce sont les points de départ de la tradition et des grands principes qui en découlent.

Sans l'école, pas de vrais artistes, parce que là où l'école n'est pas, il ne peut y avoir ni émulation, ni épanouissement des forces vives de l'intelligence.

L'isolement est surtout funeste dans l'art.

On ne saurait croire, au contraire, ce qu'ont de fertilisant, ces conseils échangés entre élèves, sans réticences, sans ménagements aucuns, presque avec cynisme ; et ce que gagne l'esprit, dans la comparaison journalière, du bon, du médiocre et du mauvais.

Ce qu'il y a de sagace, de vrai, de juste dans les aperçus de cette jeunesse, en apparence si légère et si futile, ne saurait se dire, et si les perfides suggestions de la paresse, non moins que de l'orgueil, ne venaient amoindrir et étouffer même tant de précieuses qualités, qui peut savoir où s'arrêteraient les progrès de l'art. Au point de vue pratique, l'école et l'atelier sont donc les premiers éléments du retour vers le bien.

Au point de vue moral, la question grandit encore et s'élève à la hauteur et à la dignité d'un bienfait envers la société.

Dans la véritable école, le maître est un père et presque un oracle.

On croit à sa science comme à sa sollicitude. L'oracle peut se tromper, le père peut réprimander, sans que jamais le respect et la confiance lui fassent défaut.

N'est-ce pas là la source de toutes les bonnes tendances, n'est-ce pas sur une moindre échelle, l'image des vraies fictions politiques ?

Croit-on que développées dans l'atelier et dans l'école, de pareilles idées ne féconderaient pas dans la jeunesse les principes à l'aide desquels une société vit et prospère ? Et d'ailleurs, d'où l'exemple peut-il et doit-il partir, si ce n'est des rangs intelligents de la société, et quelle étude plus propre à développer le cercle des idées et à agrandir les sentiments moraux, que la contemplation journalière des chefs-d'œuvre humains.

L'architecture est un art presque divin, parce qu'elle est une puissance créatrice, et qu'en cela elle se rapproche de Dieu, dont la création est la plus sublime émanation.

Revêtue de cet auguste caractère, elle a voulu être la compagne inséparable de l'humanité. Pourquoi n'en deviendrait-elle pas la sauvegarde ?

Je hais les révolutions, mais il en est une grande et bienfaisante que je voudrais voir s'accomplir !...

Que ne m'est-il donné de contempler l'architecture devançant la civilisation, au lieu de se traîner à sa remorque, lui imprimer au front la noblesse de son origine.

Est-ce donc trop espérer de la sublimité de l'art, que d'attendre de lui qu'il prenne en main la cause de la régénération sociale ?

Eh quoi ! lorsque dans la touchante et inépuisable sollicitude qui l'attache à tous nos besoins, l'architecture sait tour à tour donner à la famille son foyer, à la misère, à la maladie, à l'infortune, un lieu de soulagement, de repos et de consolation ; à la richesse, aux arts et aux grandeurs d'ici-bas, de splendides demeures et de majestueux palais ; à Dieu ses sanctuaires ; à la mort même son dernier asile ; lorsqu'elle vit ainsi de notre vie et respire de notre souffle, serait-ce se bercer de fausses illusions, que de rêver pour elle ces hautes destinées ?

Que deviendrait alors cette légitime influence de l'utile et du beau, basée sur les services rendus et sur les impressions ressenties ?

Il n'en peut être ainsi, c'est à l'art désormais de tracer la route, c'est à la société de le suivre.

Mais que faire pour y parvenir ?

Il faudrait que les dispensateurs du trésor de l'enseignement architectural, se plaçant à la hauteur de leur mission, s'efforçassent d'arracher les intelligences qui leur sont confiées, du milieu des intérêts mesquins dans lequel elles se traînent et végétent, pour imprimer à leur essor une direction droite, fière, élevée, digne en un mot de la mission qu'elles ont à remplir.

Il a suffi d'un grand pape et d'un souverain illustre, pour marquer un siècle du sceau de l'immortalité, pourquoi cet honneur suprême ne serait-il pas réservé de nos jours à une grande école, à des maîtres éminents ?

Ce qui manque à l'architecture aujourd'hui, ce n'est ni l'inspiration ni même le génie.

A aucune autre époque, peut-être, on n'a trouvé une facilité plus excessive, et une imagination plus vivace, jointes à un savoir faire plus exercé.

Mais que sont ces dons naturels sans le travail sérieux, sans le droit sens et l'esprit de suite, si ce n'est un écueil de plus pour l'intelligence.

L'atelier et l'école ramenés à leur véritable caractère deviendraient, pour la jeunesse, une sauvegarde assurée contre tous les piéges tendus à son inexpérience et à sa candeur.

C'est là qu'elle apprendrait le respect qu'on doit à la supériorité acquise par le travail, l'intelligence et l'honorabilité ; là, qu'elle se plierait aux devoirs qu'imposent la hiérarchie et la véritable confraternité ; là, enfin, qu'elle se formerait aux louables habitudes de l'ordre, de la vie réglée, et de la persévérance, conditions essentielles d'un travail solide et instructif.

On dirait volontiers tel maître, tels élèves, et on serait dans le vrai…; parce que les obligations sont réciproques et créent une sorte de solidarité.

Si le haut caractère imprimé à l'instruction constitue pour l'élève l'obligation de la recevoir avec une religieuse ferveur, il dicte au maître des devoirs aussi élevés qu'impérieux.

Aussi, peut-on être assuré qu'en de telles conditions, nul professeur ne resterait au-dessous de sa tâche, et je ne fais pas de doute, que s'il était donné à l'homme ordinaire de devenir par la force des circonstances, un artiste recommandable, l'homme d'inspiration s'élèverait certainement à la hauteur du génie.

De tout temps les grandes écoles ont fait la gloire de l'art, par la direction heureuse qu'elles ont imprimée aux jeunes intelligences.

L'esprit d'imitation est inné chez l'homme, ce qui lui manque le plus souvent, c'est l'esprit de déduction, le seul qui constitue le génie créateur.

Ce n'est, on peut le dire, que dans l'école que cet esprit naît et se développe, parce que là seulement il trouve le milieu qui le fait vivre et l'aliment qui le soutient : l'exemple et la comparaison.

Je ne finirais pas, si je voulais rappeler ici les avantages de l'école, prise dans la grande acception du mot. Je me suis borné à en faire connaître les traits principaux.

On le voit, c'est à l'école que pourrait appartenir la noble tâche de travailler à la régénération de l'art et d'apporter un concours énergique à la restauration sociale.

Que l'initiative parte des intelligences d'élite, et je ne mets pas de doute que l'exemple ne soit suivi.

La condition humaine est de marcher sans cesse sur la crête aiguë de l'incertitude, côtoyant d'un côté le bien, de l'autre le mal. La pente qui conduit au bien ne diffère guère de celle qui conduit au mal ; mais tandis que d'un côté elle aboutit à une vallée fertile, de l'autre elle conduit aux abîmes ; c'est à ceux qui conduisent le char de le diriger dans la voie du salut.

Que l'art abandonne, dans sa démarche plus grave, plus sérieuse, ces dehors de précipitation et de désordre ; qu'en tout et partout il se montre digne, noble, consciencieux ; qu'il laisse voir à tous, sans voiles trompeurs, sans futiles parures, sa belle et noble face, et, sous le charme et la séduction de ses grâces natives, la civilisation le suivra et grandira avec lui.

C'est à l'Etat surtout qu'il appartient de donner à l'école sa véritable signification. Les maîtres ensuite feront de leurs ateliers ce qu'ils doivent être.

La sollicitude du gouvernement doit s'étendre à tous les détails de l'instruction architecturale, mais il est un point digne de fixer son attention : c'est la question des concours.

Il existe à ce sujet des préventions, injustes je veux le croire, mais qu'il faut à tout prix faire disparaître.

Il importe que les concours soient sérieux ; c'est le droit des élèves, c'est le devoir des professeurs.

Si on veut développer chez les jeunes gens l'amour du juste et de l'honnête, il faut se garder d'en blesser en eux les premières notions.

Il reste de ces défiances longtemps couvées dans le for intérieur, un ferment de rancune contre l'autorité, et un doute profond de la justice des hommes, que le temps ne suffit pas à détruire et qui, loin de là, s'envenimant avec l'âge, devient le mobile des passions révolutionnaires. Il faut donc enlever jusqu'au moindre prétexte à la plainte, en mettant, entre la condition de maître et les fonctions de juge du concours, une incompatibilité absolue.

Le choix des professeurs appelle naturellement la sollicitude du gouvernement.

Toute préférence, toute position (même de celles que le temps semblerait avoir consacrées), doivent céder devant les exigences d'un poste qui réclame une supériorité incontestable.

Il faut à la tête de cette jeunesse intelligente, mais frondeuse à l'excès, et portée à discuter les titres qu'on offre à sa confiance, il faut des hommes éminents, entourés de l'estime et de la considération publique, qui puissent trouver dans la position que leur ferait l'État, le gage du respect et de la déférence qu'ils ont à attendre des élèves (1)

____

(1) Toute application, toute personnalité est hors de ma pensée. Je développe sans aucune préoccupation, des considérations générales. MM. les professeurs de l'école, hommes honorables autant qu'artistes habiles, échappent à toute critique ; et s'il existe des vices dans l'organisation, ils sont étrangers à leur origine et les subissent à regret.

Je voudrais, en un mot, que les fonctions de professeur de l'école fussent assez largement rétribuées, pour qu'elles missent non-seulement à l'abri de la gêne, mais qu'elles assurassent au titulaire une existence facile, honorable, exempte de toutes préoccupations, qui le laissât tout entier aux loisirs de l'étude et aux devoirs de sa haute mission.

Il y aurait à cela plus d'un avantage, et le premier serait sans contredit, de soustraire l'artiste aux obligations de la profession et à la responsabilité qu'elle entraîne, condition exclusive de l'étude calme et contemplative. Et d'ailleurs, on peut être admirablement doué pour le développement des théories de la science et pour les aperçus critiques de l'art, sans être pour cela exempt de reproche dans la pratique et dans l'application des principes émis.

Or il ne faut pas que l'élève s'aperçoive de cette infériorité relative.

Le professorat est une sorte de royauté, il ne peut que perdre de son prestige, à être contemplé de trop près.

Mieux vaudrait encore que l'instruction péchât par le côté pratique, que de voir compromettre par de dangereux rapprochements, les hautes appréciations théoriques qui sortent de la bouche du professeur.

Il ne peut y avoir à cela qu'un léger inconvénient.

Les tentatives de tout genre qui se renouvellent chaque jour dans Paris, fournissent naturellement à l'étude et à l'examen critique des professeurs, des documents pour le moins aussi fructueux, que ceux qu'ils pourraient puiser dans leur propre expérience.

Il y a plus, les fautes d'autrui sont une sauvegarde contre celles qu'on pourrait commettre, et l'amour-propre n'est point intéressé à les dissimuler.

Ainsi, placé en dehors de toutes considérations privées, n'ayant

a pallier aucune faute personnelle, exempt de toutes les suggestions de l'amour-propre d'auteur, de tout parti pris systématique-
ment, combien le professeur ne puiserait-il pas de force dans
l'indépendance de sa position et dans l'impartialité de ses juge-
ments.

L'éducation de l'école se complète d'ailleurs par celle de l'atelier, et ce qui pourrait manquer à l'instruction pratique, se trouve
comblé par les conseils plus intimes, moins abstraits du maître à
l'élève.

Ici le contact n'a plus de danger.

Libre de choisir son maître, l'élève en entrant dans l'atelier,
lui porte et ses prédilections et le goût qu'il a pour ses œuvres; il
se retirerait avec la même liberté, le jour où l'instruction intime
qu'il reçoit ne répondrait pas à ses vues, ou à la direction logique
de ses idées.

A ces considérations j'en ajouterai d'autres encore :

L'école de Rome est le but envié et le point de mire de toutes
les jeunes ambitions. C'est là un grand bienfait, puisqu'ainsi se
maintient le principe d'émulation, et l'amour des hautes aspirations de l'art; mais pour que ce bienfait fût plus grand et plus
durable à la fois, ne faudrait-il pas autre chose que ce qui existe?

Ce nouvel Eldorado, ce lieu de délices et de rafraîchissement,
ne devrait-il pas être conquis par un savoir plus réel et conservé
au prix d'un travail plus utile et plus opiniâtre?

Je sais que grâce à une courageuse initiative, d'utiles garanties
ont été données à ces concours et qu'elles ont eu pour résultat de
leur restituer ce caractère sérieux qui commençait à leur faire
défaut.

Mais ne reste-t-il rien à faire, et ne doit-on pas craindre de voir
s'abaisser encore le niveau des hautes études, si, à ces étincelles

de génie, si éphémères, si fugitives, doit se borner le plus souvent la révélation du talent des lauréats.

Il y a de plus sérieuses garanties à exiger, et c'est par des épreuves autrement concluantes qu'il faut, ce semble, conquérir une position justement enviée.

Mais par une conséquence rationnelle, si l'État croyait devoir, dans l'intérêt de l'art, attacher aux faveurs qu'il accorde et aux sacrifices qu'il s'impose, des épreuves plus multipliées et plus concluantes, ne devrait-il pas, à titre de légitime compensation, accorder à des études consciencieuses, des priviléges certains, et des prérogatives appréciables ?

Il en est qui, sans être onéreux pour le trésor et sans lui imposer aucun sacrifice pécuniaire, auraient pour résultat précieux de relever la profession d'architecte et d'offrir au public des garanties sérieuses ; n'est-ce pas à cela qu'il faudrait viser ?

L'État a créé deux écoles, celle des Beaux-Arts, celle des Ponts et Chaussées.

Dans chacune d'elles, la jeunesse reçoit une éducation presque identique, les professeurs sont nommés par l'État et rétribués par lui.

Les degrés d'aptitude sont marqués dans les deux écoles par des certificats et des diplômes.

Mais tout à coup la condition change, et, tandis que la protection efficace de l'État suit dans le reste de leur carrière, les élèves des ponts et chaussées, elle laisse les élèves de l'école d'architecture aux prises avec les chances d'un avenir plus ou moins fortuné.

Cela s'explique-t-il bien ? Cela est-il juste ? Je sais qu'il conviendrait mal aux allures indépendantes de l'art, de se plier aux exigences des réglements d'une administration publique, et qu'il est peu d'architectes qui consentissent à se laisser enrégimenter dans une sorte de corps constitué ; mais il est plus d'un moyen d'offrir de légitimes compensations à des travaux sérieux et d'assurer, en échange d'une aptitude dont on a fourni la preuve, une honorable condition d'existence.

Et d'abord, il n'est pas libre à quiconque n'est pas avocat, notaire, médecin, etc., de prendre ce titre ; pourquoi serait-il permis à quiconque n'a pas conquis le diplôme d'architecte par des épreuves, de s'emparer de cette qualification ? N'est-ce pas usurper tout à la fois, la confiance du public, et une position qui ne devrait être que le partage de l'étude et du savoir ?

Ceci est plus grave qu'on ne le pense, et en agissant comme il l'a fait, l'État s'est rendu en quelque sorte complice de la dépravation du goût public à Paris comme dans la province.

Ce titre, au contraire, obtenu à l'aide de difficiles épreuves, serait, en devenant le privilége exclusif des hommes d'art, un véritable stimulant et un acheminement à d'honorables positions.

Il créerait des obligations pour les titulaires, et mettrait l'Etat à même de relever le niveau des études en éloignant les incapacités, ces fléaux du goût et du progrès.

Qu'on décore un ignorant du titre d'avocat, peu importe, le plaideur saura faire prompte justice de son inhabile défenseur, et le vent de l'oubli fera disparaître jusqu'aux traces de son impuissante parole ; mais qu'on laisse des hommes s'emparer, à l'aide du titre d'architecte, de la confiance publique et peupler ensuite nos villes et nos campagnes d'édifices indignes de ce nom, ceci est autrement grave. Le stigmate reste pendant de longues années, insultant à la fois et les yeux des passants et le goût public.

Il faut souffrir ce qu'on ne peut empêcher, et chacun doit être libre de confier à qui bon lui semble le soin de ses constructions; mais du moins qu'un titre usurpé ne couvre plus de sa protection l'ignorance et l'incapacité.

L'esprit est paresseux de sa nature, il n'aime pas à se frayer de nouveaux chemins, et pour peu que s'offre à lui une ornière facilement tracée, il la suit de préférence.

Le génie, au contraire, suit rarement les sentiers battus, il vole plutôt qu'il ne marche, ce ne sont donc pas ses traces que peuvent vouloir suivre les esprits indolents et les intelligences secondaires, leur culte, c'est le culte de la banalité; c'est assez dire à quel point il importe de ne pas livrer pâture à la propagation de cette déplorable tendance.

A cette prérogative, l'Etat ne pourrait-il en joindre d'autres?

Il dispose de places nombreuses, ne pourrait-il en faire le partage exclusif des architectes en titre?

Lorsque, par exemple, les communes ont à construire des édifices, elles demandent pour y parvenir le concours de l'État : — serait-ce gêner leur initiative dans le choix de leur architecte, que d'imposer comme condition du secours à accorder, de confier les plans et l'érection des constructions communales à un architecte quelconque, pourvu qu'il soit pourvu d'un diplôme.

Quoi de plus légitime que l'État, qui subventionne, veuille faire de ses deniers le meilleur emploi possible, et recherche, tant dans son intérêt que dans celui des communes dont il est le tuteur-né, les garanties les plus sérieuses d'économie bien comprise, de durée et de bon goût.

Agir autrement, c'est de sa part presque déserter les devoirs et les obligations qui naissent d'une haute tutelle, c'est faire, en un mot, que ce qui, dans le passé, a été pour la France un sujet de gloire et d'orgueil (ses monuments publics épars sur le sol et répandus jusque dans les moindres bourgades), ne soit bientôt plus, pour le présent et pour l'avenir, qu'un objet de honte et d'inutiles regrets.

Il y a là autre chose que l'emploi malencontreux de ressources péniblement amassées, il y a dans l'érection d'édifices sans convenance, sans caractère, sans dignité et sans avenir, une atteinte sérieuse portée à la religion, à l'autorité, à la civilisation et à la morale publique.

On le voit, cela veut être pris en sérieuse considération.

Telles sont les garanties à l'aide desquelles, selon moi, on pourrait espérer donner à l'école son véritable caractère et atteindre les résultats dont j'ai signalé les bienfaits.

En augmentant les prérogatives, on se croirait le droit d'être plus sévère sur le choix des sujets.

Peut-être éloignerait-on nombre d'incapacités ; mais où en serait le mal ?

Les demi-vocations sont la plaie de toutes les institutions, elles en compromettent l'avenir et la dignité ; c'est à elles que sont dus, presque toujours, et les révolutions politiques et les bouleversements sociaux.

Ces jeunes hommes qui se lancent au hasard dans les carrières, sans calculer leurs forces et embrasser d'avance l'espace qu'ils ont à parcourir, déçus le plus souvent dans les espérances que faisaient luire à leurs yeux l'ambition et la richesse, apportent bientôt, dans l'accomplissement des devoirs de leur profession, si ce n'est l'improbité et l'absence de délicatesse (ces conseils habituels de l'amour du gain), tout au moins la tiédeur et le découragement qui les domine ; et si, dans cet état, le souffle des mauvaises passions vient à passer sur leur tête, pas de doute qu'ils ne mettent à leur service ce qu'ils ont couvé de rancunes et de haines contre une société qui n'a pas satisfait à l'ardeur de leurs convoitises.

La profession d'architecte est chose grave ; car si on y marche dans la plus honorable des conditions, escorté et soutenu par la confiance publique, on y côtoie aussi l'écueil le plus dangereux, l'entraînement de l'intérêt.

Peut-elle donc être entourée d'assez de garanties ?

Est-ce donc trop demander, que d'alléger ainsi la lourde solidarité qu'ont trop souvent à subir les artistes pour lesquels la conscience, le devoir et l'amour de l'art, sont les premiers et les plus impérieux de tous les besoins ?

Voilà, si je ne m'abuse, un des moyens propres à hâter la solution du problème que j'ai posé ; ce n'est pas tout : et, après avoir développé dans les intelligences, les germes de toutes les idées généreuses, il faut prévenir pour elles le danger le plus sérieux, celui de l'isolement.

On ne saurait croire combien il est regrettable de voir se rompre par l'éloignement et l'entraînement des affaires, le lien qui unit le maître à l'élève.

Cet abandon complet, qui succède tout à coup à cet échange journalier d'idées et d'impressions, cette brusque privation des conseils salutaires, sont bien faits pour paralyser l'essor de l'inspiration et pour jeter dans une sorte de découragement moral.

Ce serait un grand bienfait de remédier à cette dure nécessité, et peut-être y parviendrait-on si, au lieu de laisser de modestes artistes se débattre avec l'aridité et le prosaïsme de conceptions le plus souvent sans intérêt, on leur donnait le moyen de se produire au dehors par des études instructives et fructueuses tout à la fois.

C'est beaucoup sans doute, que d'éprouver la satisfaction d'un devoir accompli, et celui-là est heureux qui peut se dire, que les humbles fonctions d'architecte de pauvres communes empruntent en quelque sorte le caractère de la charité (cette noble vertu qu'on vénère d'autant plus qu'elle se dérobe plus modestement aux louanges terrestres); mais à ces dévouements ne faut-il pas des compensations?

Pourquoi ne s'efforcerait-on pas de les donner?

Un des grands mobiles du progrès, ce qui soutient l'énergie, c'est l'émulation. Il faut la réveiller et l'entretenir, et cela avec d'autant plus de raison, qu'elle manque parmi les architectes qui exercent.

Il ne s'agit pas ici, bien entendu, de faire revivre les concours pour l'érection des monuments publics, chacun sait à quoi s'en tenir sur la valeur de ce vieux reste des institutions révolutionnaires.

Il faut laisser de côté ces expédients qui consacrent le principe de la substitution du fait aux droits acquits, et qui favorisent les plus mauvaises tendances, en sacrifiant aux preuves le plus souvent éphémères du talent, l'incontestable valeur d'un savoir conquis par l'étude et l'expérience.

Personne d'ailleurs ne s'y laisse plus prendre, et les maîtres de l'art, en protestant le plus souvent par leur abstention, contre l'inanité de ces expédients, dont ils avaient (peut-être à leurs dépens) tenté la triste épreuve, ont fait voir à tous, le cas qu'il fallait en faire.

Mais il est d'autres concours dont chacun, j'en ai la croyance, encouragerait l'essai; je veux parler des concours d'émulation. Chaque année, l'Institut, pour entretenir le goût des études sérieuses, attache un prix à la solution de questions qui intéressent la science, l'art, la littérature, etc. Et chaque année on voit de nombreux concurrents répondre à son appel.

Que ne fait-on de même? L'État ne pourrait-il créer, entre les architectes d'une même province, un concours d'étude propre à développer le goût et à entretenir les bonnes traditions de l'art ?

Un prix honorable mis à des projets de proportions restreintes et d'une utile application, servirait à éveiller l'ardeur des concurrents et offrirait une large compensation aux moments consacrés à ce travail.

Peut-être ne verrait-on pas les architectes qui occupent de hautes positions, prendre part à cette lutte modeste. On comprend qu'absorbés par d'importants travaux, ils ne puissent se livrer à ces études purement spéculatives. Qu'importe, si les artistes de plus modeste condition auxquels ces concours s'adresseraient de préférence, voulaient répondre à l'appel.

Ici, point de rivalités susceptibles de provoquer les abstentions entre architectes qui habitent des lieux différents, ou si elles se produisent dans les grands centres, l'art en fait son profit.

Chacun pour soi, et pour tous la chance de conquérir avec un prix sérieux, une honorable réputation de goût et de savoir.

La renommée va vite, et le bruit d'un succès est prompt à se répandre.

Ces concours, jugés par une commission impartiale, livrés à la publicité par l'organe officiel du gouvernement, pourraient motiver, dans les diverses localités, des expositions toujours instructives pour le public et propres à développer partout le goût de bonnes et agréables constructions. Ils auraient de plus l'incontestable avantage de faire trève à l'éternelle redite des génies incompris, puisque chacun mis en demeure de se produire au grand jour, ne pourrait plus imputer qu'à sa paresse ou à son impuissance, l'obscurité dans laquelle il vivrait relégué.

Tels sont, je crois, les moyens les plus efficaces pour donner à l'école sa véritable signification, et pour placer l'architecture à la hauteur de la noble mission qu'elle doit remplir ici-bas. Je n'insisterai pas d'avantage sur des considérations qui, pour être convenablement développées, exigeraient un cadre plus vaste que celui que je me suis tracé.

Il ne me reste qu'un mot à dire, sur l'action du conseil des bâtiments civils et des diverses commissions de contrôle.

J'ai pu déplorer la fàcheuse nécessité qui, dans le passé, a fait au conseil des bâtiments civils une sorte d'obligation de descendre dans l'étude presque minutieuse des projets soumis à son examen, et j'ai dit, avec le respect dù à ce corps si recommandable, quelles avaient été pour l'art les conséquences de cette intervention peut-être trop prononcée. Je ne puis qu'ajouter ceci : c'est qu'aujourd'hui le conseil et les diverses commissions d'examen, comprenant qu'à côté d'un contrôle salutaire, il doit y avoir place pour une juste indépendance et une liberté modérée, ont écarté en principe toute espèce d'ingérence compromettante pour la responsabilité des auteurs de projets.

Ils ont relevé la dignité de leur mission, en limitant leur action à de hautes observations critiques et à des conseils élevés et, par une conséquence logique, ne voulant imposer aucune idée, ni faire prévaloir aucune vue personnelle, ils se sont bornés à accueillir ce qui était digne d'être admis et à repousser sans hésitation ce qu'éitait indigne d'un examen sérieux. Ils ont ainsi pour leur part, commencé pour l'art cette régénération si ardemment désirée; car ils travaillent à lui rendre ce qu'il avait perdu : son caractère local et sa physionomie propre.

IV

Je me résume :

Frappé des funestes terdances de l'art, et justement alarmé de le voir s'engager dans une voie rétrograde, j'ai cherché la cause du mal et j'ai cru la trouver dans l'influence de l'esprit systématique.

Voulant aussi m'expliquer par quel concours de circonstances l'art avait perdu de nos jours sa force et sa virilité, j'en ai cru reconnaître la trace dans l'état de notre condition sociale, dans l'abaissement des études de l'école et dans le dédain des grandes traditions, non moins que dans l'oubli du respect du maître.

Je n'ai pas produit d'exemples à l'appui de mes assertions : le devais-je, en avais-je besoin ?

A ceux qui voudraient nier la lumière du soleil, pourrait-on répondre autrement que par le profond sentiment de compassion qu'inspirerait un tel aveuglement ? Il en doit être de même de ceux qui voudraient se refuser à l'évidence des faits; à ceux-là il ne faudrait songer à opposer, que le regret mortel de voir compromettre, par un optimisme trompeur, le sort d'une cause précieuse entre toutes, celle de l'art.

Je ne devais pas toutefois me borner à signaler la cause du mal, ce rôle par trop facile de censeur d'une époque, devient sans dignité s'il ne s'élève à la hauteur d'un devoir à accomplir.

J'ai cherché dès lors le remède au mal, en m'efforçant d'opposer aux tendances dangereuses ou mesquines, les tendances larges et progressives.

A l'esprit systématique, j'ai opposé la puissance de l'éclectisme; j'ai montré que là était la bonne voie, la voie sûre qui conduit au bien et au progrès. Lorsque j'ai signalé l'état d'atonie dans lequel se traîne péniblement l'architecture et que j'ai dit combien elle a perdu de sa virilité passée, j'ai dû m'avouer à moi-même que ces symptômes morbides, elle les avait puisés dans notre état social, subissant ainsi les dures conséquences d'une solidarité qui l'attache à l'existence des peuples.

Mais ne désespérant ni du salut d'une société qui porte en elle de généreux instincts et qui sent encore dans ses veines couler le sang de ses aïeux, ni du salut d'un art qui compte encore de si puissants représentants et de si chaleureux adeptes, j'ai rêvé pour tous deux un avenir meilleur et de plus hautes destinées.

A l'architecture j'ai demandé de quitter le rôle de l'esclave qui plie et se modèle aux caprices et aux volontés du maître pour ressaisir une noble indépendance et prendre en main la cause de la régénération sociale; à la société j'ai demandé de se montrer docile aux nobles impressions du beau, et d'obéir à l'influence salutaire des sentiments élevés.

Mais pour accomplir cette tâche, j'ai fait appel à tous les dévouements; j'ai convié tout à la fois l'État, le savoir, la dignité à donner l'essor à toutes les réformes utiles, et à protéger d'une manière efficace ce grand mouvement intellectuel et moral.

J'ai rappelé l'élève à la convenance de sa position, au respect affectueux du maître, au travail, à l'esprit de suite, de même que j'ai fait appel à la dignité du professeur et à son dévouement sans bornes aux intérêts d'une éducation qui réclame tant de zèle et d'amour ; à ces auxiliaires si puissants, si énergiques d'une noble cause, j'ai voulu joindre le concours des hommes de l'art. Si j'ai beaucoup exigé d'eux, pour eux aussi j'ai demandé des prérogatives propres à assurer leur avenir et à les élever au niveau de la tâche qu'ils ont à accomplir.

Tels sont les éléments à l'aide desquels j'ai cru qu'on pouvait imprimer aux idées un autre cours et hâter l'instant d'une guérison si ardemment souhaitée ; puissé-je ne m'être pas bercé de vaines illusions, puissé-je aussi avoir inspiré à d'autres, la pensée d'étudier, dans la sphère de leurs idées ou de leurs connaissances, la solution de ce problème social.

Mais que puis-je seul, dans mon impuissance, et que deviendront mes paroles, si d'autres paroles plus élevées, plus dignes d'être entendues, ne leur viennent en aide ?

Dans ce travail rapide, je n'ai pu qu'effleurer ces questions si vitales, si dignes de l'intérêt de tous. Il faudrait aujourd'hui que, rejetant bien loin la crainte chimérique, de voir s'engager sur ces questions une polémique passionnée, les hommes qui ont pour eux l'autorité de la parole et du savoir, prissent la cause de l'art d'une main ferme et énergique et la fissent triompher des obstacles qui l'enchaînent.

Dieu seul connaît les secrets de l'avenir et souvent le salut est proche, lorsque, dans l'impuissance de nos prévisions, nous le cherchons bien loin ; mais quoi qu'il en puisse être et quelque foi que nous devions avoir dans cette intervention divine qui ne nous fait jamais défaut (quelque indigne que nous en soyons d'ailleurs), n'oublions pas que le temps veut être aidé dans sa tâche, et que, dans l'ordre des choses humaines, comme en celui des choses divines, celui-là seul est sauvé qui en a la volonté et qui met à y parvenir toute l'énergie de sa résolution.

En terminant, je ne veux laisser planer aucun soupçon sur la pensée qui a dirigé cet écrit. J'ai dit : l'archéologie a fait son temps; — qu'on me comprenne bien.

L'archéologie est une science sublime, c'est un livre d'or qui doit chaque jour être ouvert à nos yeux, pour y puiser dans les trésors du passé, l'enseignement pour les œuvres du présent et de l'avenir.

Nos aïeux ont eu, eux aussi, leur archéologie. Voyons ce qu'ils en ont fait, de quel secours elle a été pour eux, et à leur imitation, inspirons-nous des œuvres de nos devanciers, sans servilisme et sans plagiat.

Comme eux, en un mot, sachons créer des œuvres qui nous soient propres et ne disons pas : tout est fait, rien ne nous reste à faire.

Mais que l'archéologie reste à l'état de science, lorsqu'elle n'a pas trait à la restauration des anciens monuments; qu'elle continue à servir de but et d'attrait à tant de louables travaux et de savantes recherches; que, poursuivant sa noble tâche, elle entretienne parmi nous le respect et l'admiration du passé, qu'elle soit l'exemple du présent et l'espérance des âges futurs. Mais qu'elle ne serve pas d'aliment à de fausses doctrines et à de dangereux systèmes.

Je crois posséder à l'égal de tant d'autres l'amour des anciens monuments, et le culte dont je les entoure, fondé, tout à la fois, sur les beautés qui se révèlent en eux et sur la pensée qui semble avoir présidé à leur édification, porte avec lui le gage d'une conviction certes plus durable et plus vivace, que ne saurait l'être l'engouement souvent irréfléchi qui dirige le fanatisme de quelques-uns. Et c'est, parce que l'art ancien est à mes yeux une arche sainte et que je tremble de voir profaner sa majesté par d'imprudentes ou grotesques imitations et par de sacrilèges attouchements, que je redis : l'archéologie a fait son temps.

J. DE LA MORANDIÈRE.

Blois. — Imprimerie F. JANNIN.

9 782019 979508